AF467254

1870

SIÉGE ET BOMBARDEMENT DE STRASBOURG.

ALBUM

de 25 Dessins par TOUCHEMOLIN d'après les Photographies
de BAUDELAIRE, SAGLIO et PETER.

Texte par P. RISTELHUBER.

Strasbourg, BAUDELAIRE, SAGLIO ET PETER, Éditeurs,
Rue des Charpentiers, 3, et rue Brûlée, 4.

Déposé.

Strasbourg, typographie d'Éd. Huder.

Nous offrons au public un Album contenant vingt-cinq vues des principales dévastations causées par le bombardement dans les différents quartiers de la ville de Strasbourg.

Nous plaçons en tête un narré succinct des événements les plus remarquables accomplis pendant les quarante jours qu'a duré cet horrible bombardement, avec des détails qui s'appliquent plus particulièrement aux planches de l'Album.

Nos photographies ont été faites immédiatement après la capitulation, et alors que les désastres se présentaient encore dans tout leur désolant aspect.

Si nous pouvons livrer cette intéressante publication au PRIX RÉDUIT DE 4 FRANCS et si, sur chaque tirage, nous pouvons consacrer une somme de CINQ CENTS FRANCS au profit des malheureuses familles éprouvées par les ravages du fer et des flammes, nous le devons à la bienveillante coopération de M. Touchemolin, peintre de cette ville. Le crayon de l'artiste a parfaitement réussi à reproduire l'âpre et navrante réalité de la photographie. Nous avons surtout à constater que l'obligeance et le talent de l'artiste sont encore rehaussés par un grand désintéressement. Aussi renvoyons-nous à M. Touchemolin une bonne part des sentiments de gratitude que provoquera le soulagement de bien des misères.

LES ÉDITEURS.

BOMBARDEMENT DE STRASBOURG.

TEXTE

PAR P. RISTELHUBER.

Le blocus de Strasbourg s'ouvrit le 12 août 1870. Le premier obus qui éclata en ville y tomba dans la journée du 13. Il fit quelques dégâts à des toitures et cheminées du faubourg de Saverne et se logea dans la maison de M. Stein, couvreur, 35, rue du Marais-Vert. Le lendemain, il tomba quelques projectiles sur le Mont-de-Piété, puis dans la gare du chemin de fer, sur là maison de M. Bœrsch, jardinier, rue Moll, sur les maisons de MM. Kœhler et André Hœrter, au faubourg de Saverne, endommageant les toitures. Un seul causa un accident plus grave ; il vint briser, vers deux heures et demie, le candélabre à gaz au coin de la rue Kuhn et du faubourg. Il fit explosion après avoir frappé l'angle de la maison voisine. Un nommé Ulrich, âgé de 67 ans, qui était occupé à transporter des sacs de grains, fut atteint dans le haut de la cuisse gauche par un fragment du boulet. Il mourut quelques jours plus tard des suites de sa blessure.

Les soldats badois campés aux environs avaient annoncé depuis plusieurs jours qu'à l'occasion du 15 août ils feraient goûter à la ville un feu d'artifice de leur façon ; ils tinrent parole. A onze heures et demie, on entendit un coup de canon et aussitôt un sifflement traversa l'air et un obus vint s'abattre sur une maison. Bientôt un autre suivit le premier, et pendant près d'une demi-heure le même sifflement fut entendu à vingt reprises différentes.

A minuit, ce feu meurtrier cessa, éteint en partie par notre artillerie qui ne se fit pas faute de répondre aux obus ennemis. Un des premiers obus était tombé sur la Banque de France et avait effondré la toiture vitrée qui couvrait l'escalier du bâtiment latéral de gauche. Un autre obus alla frapper le café Bauzin situé en face et endommagea la cage vitrée qui couvrait la terrasse de cet établissement. Dans la rue des Échasses, un projectile était tombé sur la toiture de la maison de M. Zugmeyer peintre ; un autre avait abattu une cheminée de la maison Schnéegans, rue du dôme 27, et brisé ensuite la corniche de la porte du grand Séminaire où était établie une ambulance.

Au vieux marché aux poissons, dans la maison occupée au rez-de-chaussée par le magasin de M. Martin Müller, horticulteur, quatre éclats d'obus brisèrent les volets au premier et au troisième étage.

Dans la rue des Chandelles 13, un projectile pénètre par la façade dans une chambre du quatrième étage où il cause de terribles ravages. Un tambour de la garde nationale nommé Umhöfer était couché avec sa femme ; l'obus brisa, en éclatant, tout ce qui se trouvait dans la pièce, meubles, tableaux, et alluma le lit des époux Umhöfer ; ceux-ci furent blessés, le mari à la tête, la femme à l'œil gauche.

Mais ce n'était qu'un jeu d'enfants que cette première journée du bombardement. Le 18 vers neuf heures du soir, un obus vint éclater au centre de la ville, près de la place Guttemberg. Aussitôt de tous les côtés, du nord, de l'est, de l'ouest, de Hausbergen, de Schiltigheim, de l'Elsau, des batteries de Kehl, le feu s'ouvre sur la ville. Les toitures s'effondrent, les murs s'écroulent. L'air est sillonné de sifflements incessants. Les détonations se succèdent sans interruption. Les obus lancés de tout le pourtour de la ville convergent sur la cathédrale comme sur un point de mire commun; ils frappent le monument et en détachent des blocs de pierre sculptée qui se brisent sur le pavé de la place. Ils font plus : dans la rue de l'Arc-en-ciel il y a un pensionnat tenu par des sœurs ; deux jeunes filles sont tuées sur le coup, cinq autres sont transportées, grièvement blessées, à l'ambulance du petit-séminaire La Citadelle était le point de mire d'une batterie établie à Kehl. Un turco y eut les jambes coupées ; des soldats de toutes armes, des gardes mobiles furent atteints par des éclats. Dans une casemate, les femmes et les enfants priaient, pleuraient, accroupis dans le souterrain qui lui-même n'était pas à l'abri des projectiles, car deux obus y entrèrent.

La citadelle fut établie de 1682 à 1685 d'après le tracé de Vauban ; elle formait un pentagone dont trois bastions avec leurs ouvrages à corne et leurs demi-lunes avançaient vers le Rhin et deux autres tournés vers la ville se liaient par de longues courtines aux fortications antérieures. Les travaux avaient été dirigés par les ingénieurs de Tarrade et Filet, et on y avait employé une partie de l'armée ainsi qu'un grand nombre de paysans pris à tour de rôle dans les différentes communes. On avait exécuté les fouilles et les terrassements et gazonné les escarpes et contre-escarpes en attendant l'achèvement du canal de la Bruche qui devait servir au transport des moellons et des pierres de taille. Tout se fit par adjudication et entreprise, et les annales du temps, en citant le nom de Martin comme adjudicataire général, ajoutent qu'il y gagna de fortes sommes.

Dès le 20 août, les inhumations durent être effectuées à l'intérieur de Strasbourg, au Jardin botanique, parce que le cimetière de Sainte-Hélène était occupé pour la défense de la ville, que le cimetière de Saint-Gall était envahi par l'ennemi et que le cimetière de Saint-Urbain n'offrait presque plus de terrains disponibles. C'est au Jardin botanique que reposent M. d'Huart, chef d'escadron des pontonniers, M. de Beylié, sous-lieutenant de la garde-mobile et avocat du barreau de Strasbourg, le chef de bataillon du génie Ambroise Ducrot, frère du général, Emile Verenet, lieutenant de l'artillerie mobile et tant d'autres tombés avant le temps, victimes d'un fléau presque toujours suscité par une légèreté coupable ou une ambition criminelle.

La pression morale sur la population n'avait pas été suffisante : il fallait toucher un point plus sensible. Deux monuments entre tous les autres étaient chers aux Strasbourgeois : la bibliothèque et la cathédrale, on allait les brûler.

Le 24, dans la nuit, l'incendie s'abattit sur les quartiers les plus riches de la ville. Dix maisons s'allument en même temps, trouées par des boulets incendiaires. La promenade du Broglie s'entoure d'un cercle de feu. Le Temple-Neuf brûle, la bibliothèque, collection unique dans le monde, brûle. Deux cent mille volumes et quatre mille manuscrits ; une collection d'antiquités gallo-romaines, les instruments de torture en usage autrefois, le pot en bronze dans lequel les Zurichois apportèrent, en 1576, une bouillie restée chaude depuis Zurich, le bonnet rouge, placé sur la cathédrale lors de la Terreur, le sabre de Kléber, des vitraux, des portraits, du tout il est resté de la poussière et quelques feuillets de parchemin noirci !

Le Temple-Neuf était ainsi appelé depuis la capitulation de 1681, époque où l'église des Dominicains bâtie en 1260 avait été rouverte et était devenue l'église principale des protestants. Ce temple possédait quelques monuments dignes de remarque. Le plus curieux était une Danse des morts, peinte à fresque sur les parois intérieures. Ces peintures qui dataient sans doute du quinzième siècle avaient été découvertes en 1824 à l'occasion de réparations que l'on faisait dans l'église. Dans le mur était incrustée la pierre tumulaire du prédicateur mystique Jean Tauler. Un autre monument exécuté dans un goût très-pur était la pierre sépulcrale du frère Jean Ortwin, évèque suffragant de Strasbourg au commencement du seizième siècle ; elle représentait la statue colossale de ce prélat en ronde bosse, portant crosse et mitre et ses pieds reposant sur un lion. Trois monuments modernes avaient été érigés par la reconnaissance des protestants. L'un rappelait le souvenir de Jean Laurent Blessig, professeur mort en 1816, les deux autres étaient les bustes de Bernard Frédéric de Turckheim, président du Consistoire de la confession d'Augsbourg mort en 1831 et de François Henri Redslob, professeur mort en 1834.

Le 25, le bombardement recommença avec la même fureur que la veille. Dans la rue de la Mésange, cinq maisons furent détruites ; trois situées au milieu de la rue, les autres du côté du Broglie. La maison de M. Benjamin Lévy fut brûlée jusqu'à terre. Tout un côté de la rue des Récollets, la rue du Fort, le quai Schœpflin, deux maisons de la rue des Frères, deux maisons de la place de la cathédrale, cinq maisons du faubourg national, l'école et le presbytère de Sainte-Aurélie, furent détruits de fond en comble.

Vers le milieu de la nuit ce fut le tour de la cathédrale. Des flammes énormes rougies par le cuivre de la toiture se projetaient le long de la flèche ; au crépitement du feu se mêlait le sifflement sinistre des obus qui coup sur coup venaient s'abattre sur l'édifice embrasé, activant l'incendie et empêchant tout secours. En peu d'instants le toit de la nef fut un vaste brasier au milieu duquel se tordaient les plaques de cuivre et s'écroulaient les poutres, fracassées par les obus qui de toutes parts pénétraient dans la nef ; les précieux vitraux peints volèrent en éclats. Un boulet troua le mur au-dessus de l'horloge astronomique.

Le bruit des projectiles qui tombaient et éclataient dans la vaste église, se répercutait en grondements sinistres sous les arceaux, et à ces sourds murmures répondait le cri lamentable des gardiens qui, du haut de la plate-forme, appelaient la ville au secours de la cathédrale en feu.

Mais la plus poignante scène de désolation se

passa à l'hôpital civil qui avait reçu des projectiles comme les autres édifices, et dont l'église récemment construite s'était enflammée. Les malades durent être transportés en d'autres locaux et le concours dévoué des pompiers du lieutenant Schott sauva une population d'impotents et de vieillards d'une catastrophe qui aurait pu prendre des proportions incalculables.

La gare du chemin de fer brûla aussi, le Gymnase brûlait pour la deuxième fois. La façade de la Mairie était ravagée ; la Banque de France, la Préfecture, le pont neuf du théâtre, étaient criblés de projectiles. Et les remparts étaient intacts ! et aucun travail d'approche n'était commencé, et aucune tranchée ne s'avançait vers les ouvrages de la place !

Le 26 août, un des côtés du faubourg national fut détruit à moitié ; de là le feu s'étendit aux rues voisines et tout le quartier des maraîchers devint la proie des flammes. La Grande et la Petite rue de la Course, la rue-Déserte, la rue des Païens, brûlèrent dans cette nuit.

Le faubourg national était anciennement désigné par le nom : *zu den unter Wagnern* (faubourg des charrons) ; il fut appelé plus tard faubourg blanc, du nom de la porte blanche construite au seizième siècle. Les faubourgs furent réunis à la ville en 1390 ; avant cette époque ils n'offraient point l'aspect de quartiers réguliers ; c'étaient des assemblages de fermes entourées de jardins ou de champs avec des granges, des étables, des écuries, érigées selon la convenance du lieu, et l'ancien état des choses avait laissé des traces dans les rues aujourd'hui incendiées. Ces rues coupaient le marais dit de Kageneck, du nom d'une famille qui y avait son castel. Le nom de marais ou *bruch* désigne l'état dans lequel le terrain se trouvait anciennement, lorsqu'il fut réuni à la ville. Situé entre le bras de l'Ill et le fossé extérieur des fortifications, il était assujetti à de fréquentes inondations, de même que la Krutenau du côté oriental de la ville ; il fut mis à l'abri de ces accidents par des rehaussements successifs.

Dans la rue Thomann, le groupe de vingt maisons connu sous le nom de Cour Marbach, fut dévoré en quelques heures et deux cent cinquante personnes se trouvèrent sur le pavé.

Vers le matin du 27, le Palais de justice prit feu; les salles d'audience, les appartements du président et du procureur, le greffe furent anéantis : pas une pièce des archives n'échappa au sinistre.

A la fin du mois, la canonnade contre les remparts devint plus intense et les bâtiments militaires furent bombardés avec acharnement. Les obus pleuvaient sur les batteries ; dans la population civile les victimes devenaient également plus nombreuses : sous le pont du théâtre, où s'était réfugiée une famille, le père, la mère, une fille et un fils, un obus vint frapper celui-ci et le coupa en deux ; dans une maison rue du Finckwiller, un obus tua une femme et un enfant qu'elle tenait dans ses bras ; la tête de l'enfant tomba d'un côté, le tronc et les jambes furent lancés par la fenêtre !

Le 4 septembre un sous-officier d'artillerie de la garde mobile, Jules Kolb, fut frappé à mort sur l'Esplanade par un éclat d'obus. Ce jeune homme avait en 1869 sauvé ses parents menacés de périr dans l'incendie de la maison Carraud, rue des Hallebardes. Le même jour, fut descendu dans la tombe le lieutenant de pontonniers Nicolas : il avait été frappé au moment où il pointait pour la troisième fois des pièces de l'ouvrage dont il commandait la défense.

Le lendemain, deux élèves de l'École de médecine furent atteints par les éclats d'une même bombe. L'un se nommait Lacour, il succomba à l'hémorrhagie qui se produisit pendant qu'on le transportait à l'hôpital. L'autre, M. Combier, expira au moment où il apprenait qu'il était nommé sous-aide et proposé pour la croix d'honneur. L'œuvre de destruction de la ville continuait avec un acharnement incessant. Le faubourg de Pierre, qui depuis quelques années s'était rapipidément embelli, qui se garnissait à vue d'œil de maisons neuves, est horriblement ravagé. La caserne de la Finckmatt prend feu.

Elle avait été construite de 1746 à 1756. La ville qui contribuait alors, par des dons gratuits, à la construction des édifices militaires, versa dans cette période de dix années 760,000 livres dans les caisses de l'État pour les travaux de cette caserne autrefois la plus vaste de Strasbourg.

Le 7, un vieillard de 72 ans, M. Pélissier, frère du maréchal Pélissier, fut frappé mortellement dans sa chambre située au deuxième étage de l'hôtel Neuwiller, rue du Vieux-Marché-aux-Vins. Au moment où il était atteint, la fabrique de chapeau de paille de son gendre, M. de Langenhagen, au faubourg de Pierre, achevait de brûler.

La journée du 8 fut terrible encore pour les vaillants défenseurs de Strasbourg. Le soir à neuf heures, une bombe tombée sur le bastion nº 9 y causa de grands malheurs. Le capitaine des pontonniers Epp, qui se trouvait sur ce bastion avec un maréchal des logis et sept hommes, fut frappé à mort ainsi que tous les hommes qui l'entouraient. Neuf victimes d'un coup ! Le capitaine Epp était un des officiers les plus aimés et les plus capables de la garnison.

Dans la matinée du 9, le quartier Saint-Nicolas, bombardé à outrance depuis quelques jours, prit feu ; heureusement l'incendie fut circonscrit dans un des pavillons. La mairie fut bombardée toute la matinée ; les projectiles tombaient sur les toits, effondraient les façades, éclataient dans la cour. Le même jour, deux jeunes strasbourgeois périssaient, l'un le franc-tireur Frey, des suites d'une blessure reçue aux avant-postes, l'autre, le brigadier de garde mobile Fischer, frappé d'un éclat au moment où il se rendait au fort du Pâté.

Les projectiles que lançait l'ennemi, étaient de diverses natures. Outre les obus coniques remplis de balles et de matières inflammables, il pleuvait des morceaux de rails, des cailloux, des barres de fer, des débris d'ornement arrachés aux tombes des cimetières : on signala une main en fer tenant un morceau de croix, lancée de la sorte par un obus.

Un énorme sinistre se produisit le 10. Les obus qui pleuvaient sur la quartier du Broglie, allumèrent le théâtre. Tout le vaste et beau bâtiment ne présenta bientôt qu'une immense mer de feu d'où s'échappaient des torrents de fumée obscurcissant le ciel. On travailla en vain à étouffer l'incendie. Les personnes refugiées dans l'édifice s'échappèrent à la hâte, emportant le peu de leur avoir qu'elles avaient sauvé d'un premier sinistre. Le théâtre avait été commencé en 1804 sous la direction de M. Villot, architecte de la ville, et terminé en 1821. L'architecture était simple, mais on admirait le péristyle formé de six colonnes ioniques soutenant un entablement surmonté de six statues qui représentaient des muses et qu'avait sculptées Ohmacht. L'intérieur était remarquable par ses beaux et larges escaliers et ses corridors spacieux ; la salle était une des plus grandes de France, et Apffel, de Wissembourg, y avait, par son testament, ouvert à l'art dramatique et musical une ère nouvelle.

Il y avait un mois que Strasbourg était dans l'angoisse et la douleur, que ses habitants vivaient isolés du monde, entourés d'un cercle infranchissable. Un incident surgit qui vint jeter un rayon de divine lumière au milieu des ténèbres où se débattait la ville : une lettre du président de la République helvétique annonçait l'arrivée de délégués chargés par leurs concitoyens de sauver des horreurs du bombardement les vieillards, les femmes et les enfants de l'ancienne ville libre, de l'ancienne amie et alliée des cantons.

Dans la matinée du 11 septembre, le maire et les membres de la commission municipale se rendirent à la Porte nationale pour recevoir les délégués de la République suisse. Une foule immense les suivait ; dans les rues régnait une animation extraordinaire. Tout à coup le pont levis s'abaisse, la foule se découvre, des milliers de voix poussent le cri de Vive la Suisse... la députation apparait sous la porte.

L'Europe entière connait les détails de cette généreuse entreprise, de cet épisode rafraichissant dont la légende s'emparera ; inutile, en ce court récit, de s'y appesantir ; la reconnaissance de la génération actuelle se perpétuera dans les siècles, et les mères graveront au cœur des enfants la journée du 11 septembre, l'entrée des Suisses dans Strasbourg bombardé.

Le bombardement cependant continuait. L'incendie était en permanence dans les faubourgs. Les églises, les écoles, les maisons particulières s'emplissaient de malheureux qui n'avaient plus d'abris. Des restaurants populaires s'ouvraient pour donner du pain aux familles ruinées. Déjà dans les bas-fonds on sentait s'agiter vaguement cette tourbe obscure qui se lève dans les moments de crise et rêve le pillage.

L'histoire de Strasbourg venait d'entrer dans une phase nouvelle : le siége en règle avait commencé. Après avoir essayé en vain d'effrayer la population et de forcer la reddition par le bombardement, le général de Werder avait fait ouvrir les travaux d'approche. Tandis que les bombes et les obus continuaient à pleuvoir sur la ville, les mineurs fouillaient le terrain et poussaient jusque sur les glacis les profondes tranchées où s'installaient les batteries ennemies. Les boulets prussiens commençaient à battre en brèche. Dans la nuit du 29 au 30 août, on avait ouvert la première parallèle ; deux jours après s'ouvrait la seconde ; la troisième fut terminée le 12 septembre ; le 16, le couronnement des glacis permit aux assiégeants de diriger leur feu sur le mur d'enceinte.

Cependant il y avait encore des édifices dignes d'être brûlés. Le 20, l'hôtel de la Préfecture fut détruit par les flammes. Il avait été construit, en 1730, par le préteur royal, François-Joseph Klinglin, sur l'emplacement célèbre par l'extermination des Juifs en 1349. Quand il fut achevé, la ville l'acheta de Klinglin et le lui donna pour logement. La *Bibliographie alsacienne* 1869 que nous avons publiée récemment, s'étend sur ce sujet.

Le 21 septembre, l'ennemi occupa la lunette 53 en avant de la porte de Pierre ; le lendemain, il jetait, au milieu des projectiles français, un pont de fascines sur le fossé et il pénétrait dans l'ouvrage 52 en face même de la brèche, à deux pas du corps de place. L'assaut était imminent. Une certaine rumeur circulait dans la population au sujet des séances secrètes de la commission municipale ; on disait qu'il avait été question, en présence du général Uhrich, de la situation militaire de la place et de la durée encore possible de la résistance. Un avis du maire donna à entendre que ces rumeurs étaient fondées, et que la situation était loin d'être favorable. Le maire disait, en effet, que certaines délibérations ne pouvaient être publiées parce que les détails qu'elles renfermaient, répandraient des inquiétudes dans le public et fourniraient des renseignements à l'ennemi. Mais il n'est si grand secret qui ne se trahisse et l'on pouvait affirmer, sans avoir assisté aux délibérations de la commission, que la question de la reddition y avait été débattue.

Dans l'après-midi du 27, on remarqua que plusieurs parlementaires traversèrent les rues. On se demanda ce que les généraux avaient de si grave à se communiquer. Le bruit courut qu'un armistice était conclu. A cinq heures, soudain, le grondement des batteries ennemies, formidable encore tout à l'heure, s'éteint ; un silence inusité succède au tonnerre des mortiers. On sort, on s'interroge, les regards se portent sur la cathédrale ; un drapeau blanc flottait sur une des quatre tourelles !

Une personne obligeante a bien voulu nous fournir la note suivante, relative au nombre des victimes du bombardement dans la population civile.

« D'après les recensements les plus exacts, on évalue à environ trois cents le chiffre des personnes tuées sur le coup ou mortes à la suite de leurs blessures, et à environ quinze cents celui des personnes mutilées ou qui ont été atteintes plus ou moins grièvement par les éclats des projectiles.

« Il y a lieu d'attribuer à la population civile la plus grosse part dans l'augmentation de la mortalité constatée à l'état civil durant les mois qui ont suivi la capitulation.

« L'augmentation des décès pour le seul mois d'octobre dépasse le chiffre de deux mille. Elle est encore très-considérable pendant les autres mois. Il est inutile d'indiquer ici les causes de ces différences.

« De toutes les populations purement civiles des forteresses qui ont subi le bombardement, celle de Strasbourg a été le plus cruellement maltraitée, non-seulement quant au nombre des victimes, mais encore quant à l'énormité relative des pertes matérielles. Cette épreuve, si douloureuse pour les familles contemporaines et si admirablement supportée par elles, occupera sans aucun doute une place des plus honorables dans les annales de la cité.

« Le triste épisode du bombardement de Strasbourg restera, aux yeux des générations futures de la ville, comme un noble exemple d'abnégation dans les revers de la fortune. Elles auront le droit d'être fières de leurs aïeux, qui, pendant la lutte, ne se sont préoccupés que du sort des classes nécessiteuses, et qui, après la capitulation, ont accepté avec une stoïque résignation toutes les ruineuses suites de nos malheurs. »

FIN.

TABLE DES PLANCHES.

En vente chez les éditeurs cinquante vues photographiques des parties ruinées de Strasbourg.

En différents formats.

BROGLIE, CATHÉDRALE & TEMPLE-NEUF.

BIBLIOTHÈQUE

Phot.ie par Bondelaire, Sarlo et Peter. Autographie E. Simon.

INTÉRIEUR DE LA BIBLIOTHÈQUE.

INTÉRIEUR DU TEMPLE-NEUF

CATHÉDRALE — PARTIE DE LA PLATE FORME.

Autographie E. Simon

CATHÉDRALE - PARTIE DE LA PLATE FORME

THÉATRE

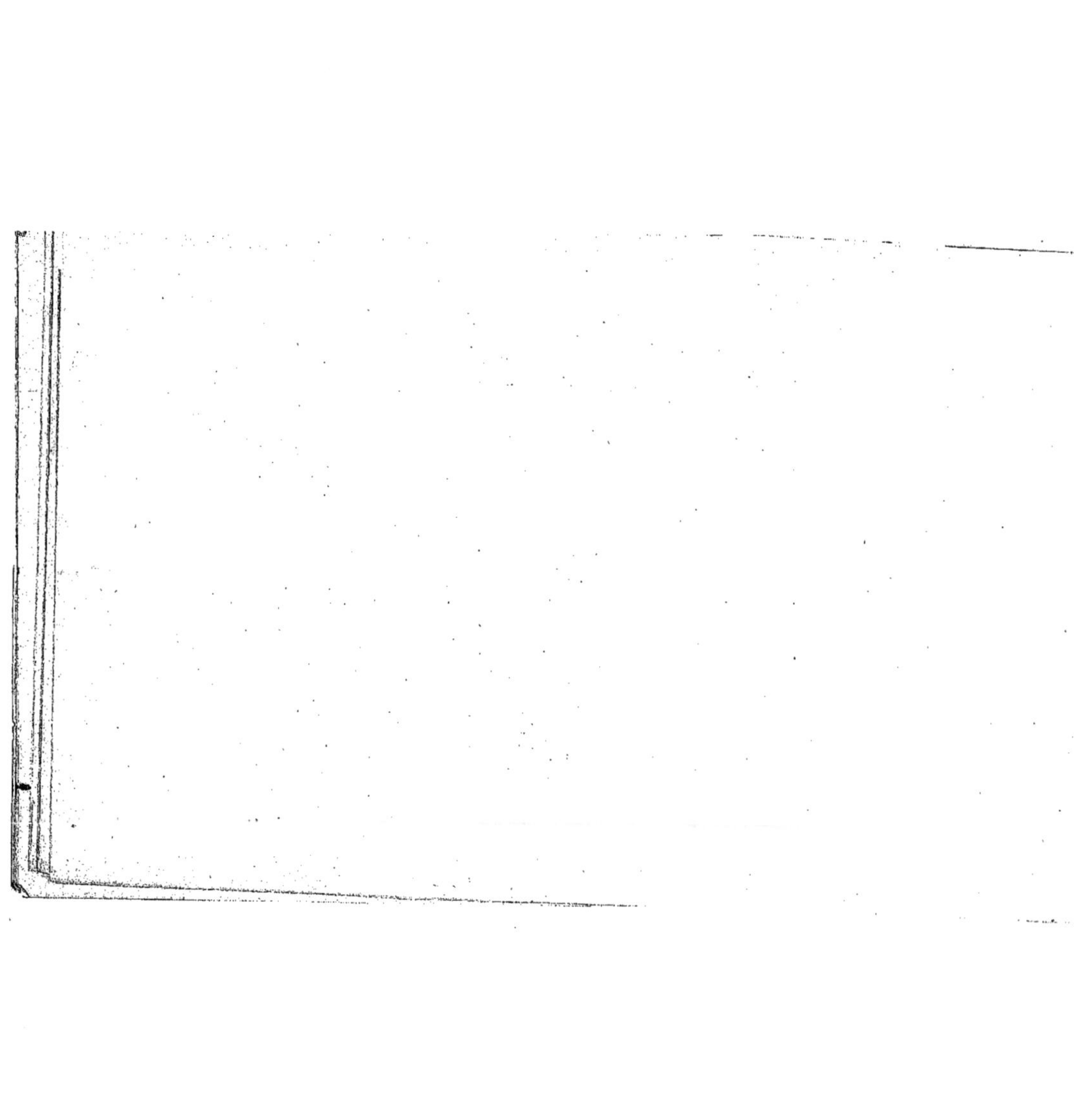

ESCALIER & COULOIRS DU THÉÂTRE.

PRÉFECTURE.

FAUBOURG NATIONAL

PORTE NATIONALE.

Phot.[ie] par Baudelaire, Saglio et Peter. Autographie E. Simon.

MARAIS KAGENECK.

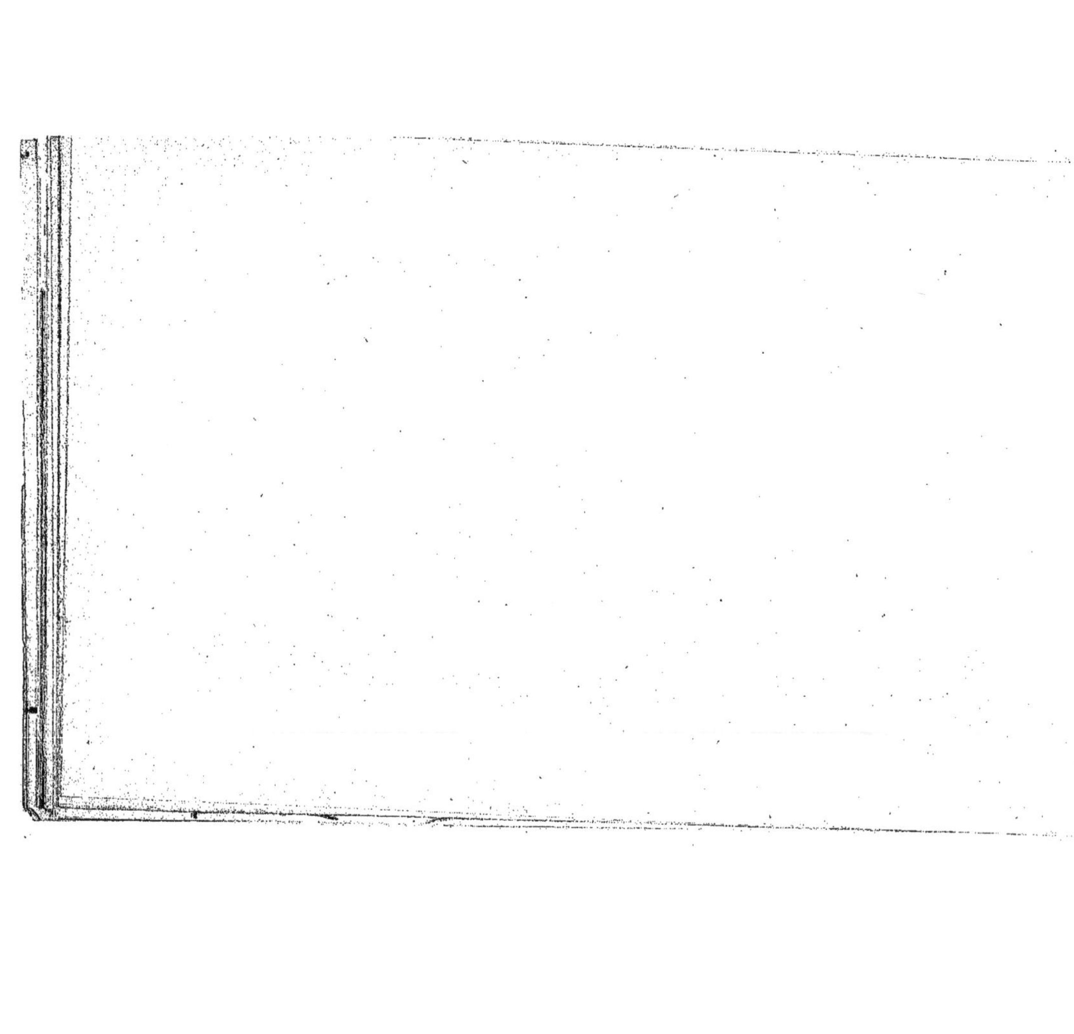

PORTE DE SAVERNE INTÉRIEURE

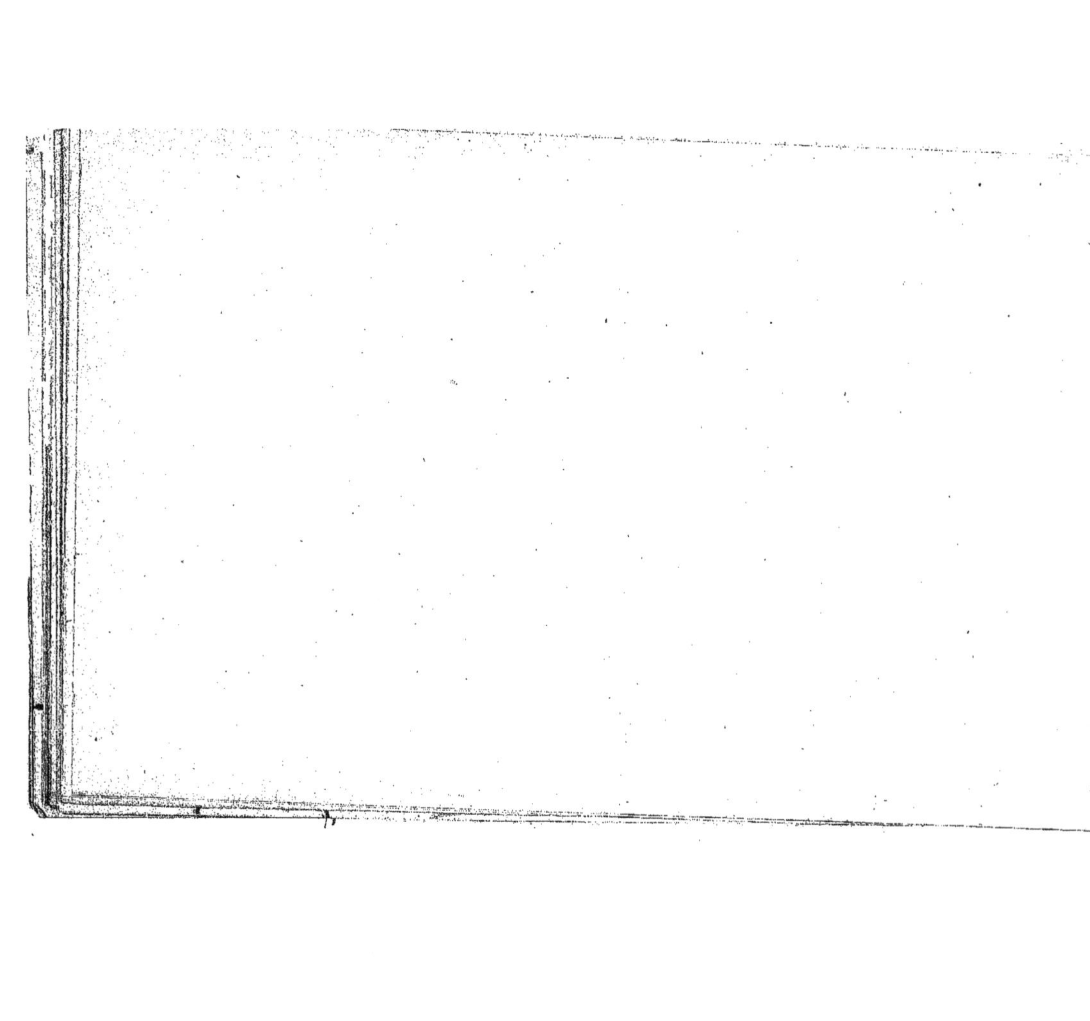

Phot. par Bouvetteau, Boghe et Bru — Autographie E. Simon

PORTE DE SAVERNE EXTÉRIEURE.

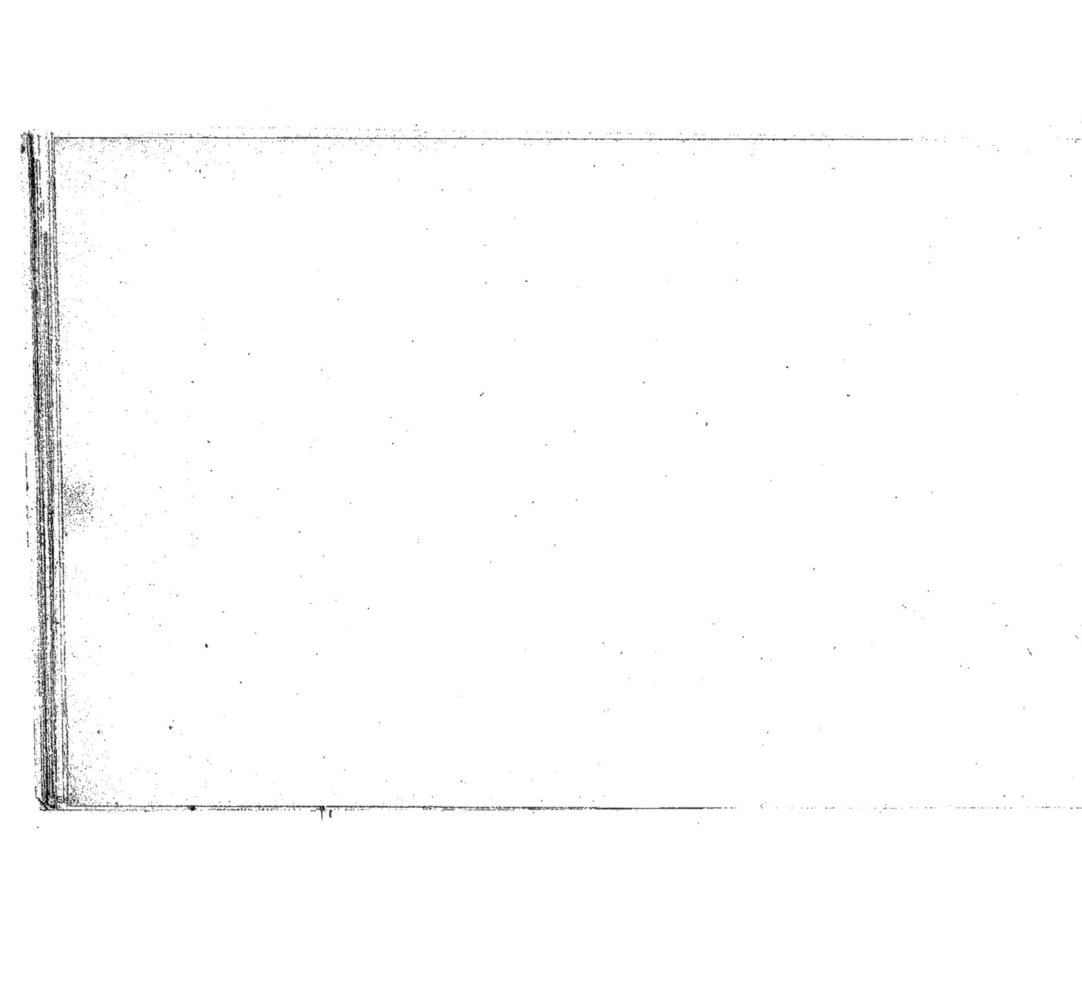

PONT DE PIERRES ET FAUBOURG.

FAUBOURG DE PIERRES.

PORTE DE PIERRES (INTÉRIEUR).

LUNETTE 52 PRÈS LA PORTE DE PIERRES.

BRÈCHE PRÈS LA PORTE DE PIERRES.

Phot.[ie] par Baudelaire, Saglio et Peter. Autographie E. Simon.

PORTE DES PÊCHEURS.

BATTERIE WURTEMBERGEOISE DU WACKEN.

CITADELLE — PORTE DE FRANCE.

Autographié E. Simon.

CITADELLE — BASTION N° 19 VERS KEHL.

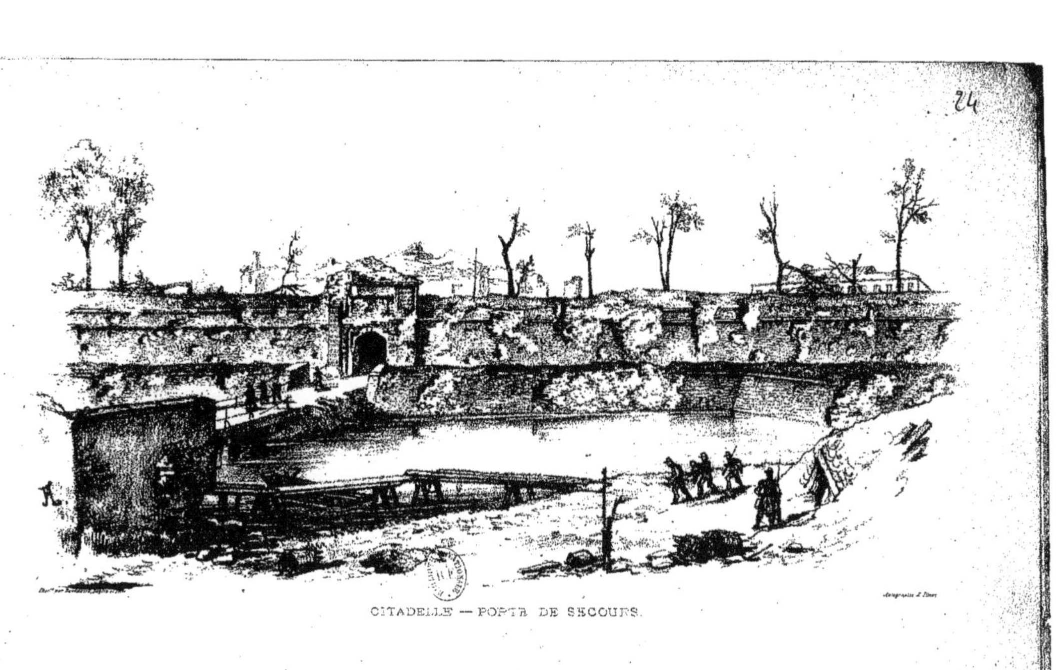

CITADELLE — PORTE DE SECOURS.

JARDIN BOTANIQUE

www.ingramcontent.com/pod-product-compliance
Ingram Content Group UK Ltd.
Pitfield, Milton Keynes, MK11 3LW, UK
UKHW020325220726
13923UKWH00003B/1369